Dedicatorias

Con amor a mis nietos, que le dan a mi vida
un significado nuevo y han inspirado este libro.
~ AMC

A mi nieto, Brayden Smith.
Vive tus sueños!
~ LS

Diseño gráfico y edición por Nicole Lavoie de www.JustSayingDezigns.com

Gracias a tantas personas que han trabajado sin descanso para realizar esta obra.

Mi familia, La comunidad ILML, Labradoodles de Ocean State,

Cassandra Bowen de Uzuri Designs, miembros y mentores de IAPC,

El Pequeño Consultivo Labradoodle, Los leedores de pruebas de Dia de Recoger Cachorritos,

y los patrocinadores de nuestra Campaña Nueva

Little Labradoodle Publishing, LLC

www. thelittlelabradoodle. com · info @ thelittlelabradoodle .com

Número de control de la Biblioteca del Congreso: 2018909551

Primera edición: 2018

ISBN-13: 978-1-7324566-9-3

El Pequeño Labrador
Día De Recoger Cachorritos

Escrito por April M. Cox / Ilustrado por Len Smith
Diseño Gráfico y Editado realizado por Just Saying Dezigns

Este Libro de
El Pequeño Labrador
LE PERTENECE A

—¡Hoy es el día!
¡Despierten, despierten!
—¡Hoy es el día!--
ladró el cachorro menor.

2

Siete cachorros más
saltaron de sus camas
a los que el pequeño gritó,
— ¡Despierten, perezosos!

Arreglándose y peleándose
con cepillo y peine
hoy, todos los cachorros
tendrán un nuevo hogar.

4

Tan ansiosos y contentos,
fueron a jugar,
emocionados y listos
¡por su gran día!

Cuando dos de los cachorros
jugaron a tira y afloja con una cuerda,
para el cachorro más pequeño,
no hubo mucha esperanza.

Cuando los otros podían saltar,
y atrapar pelotas, el cachorro más pequeño
¡no podía atrapar ni una!

—¡Eres demasiado pequeño!––
los otros gritaron,
mientras que, con un golpe,
él cayó a un lado.

El suspiró, y se echó
debajo de un árbol,
vio a unos conejos y dijo,
— ¡Oye, ustedes son pequeños como yo!

Uniéndose a los conejitos,
él corrió en carrera.
No era tan pequeño
para jugar al tocado y ser perseguido.

Debajo de arbustos y árboles,
sobre puentes cruzaron,
y el pequeño cachorro lloró,
—¡Oh no, estoy perdido!

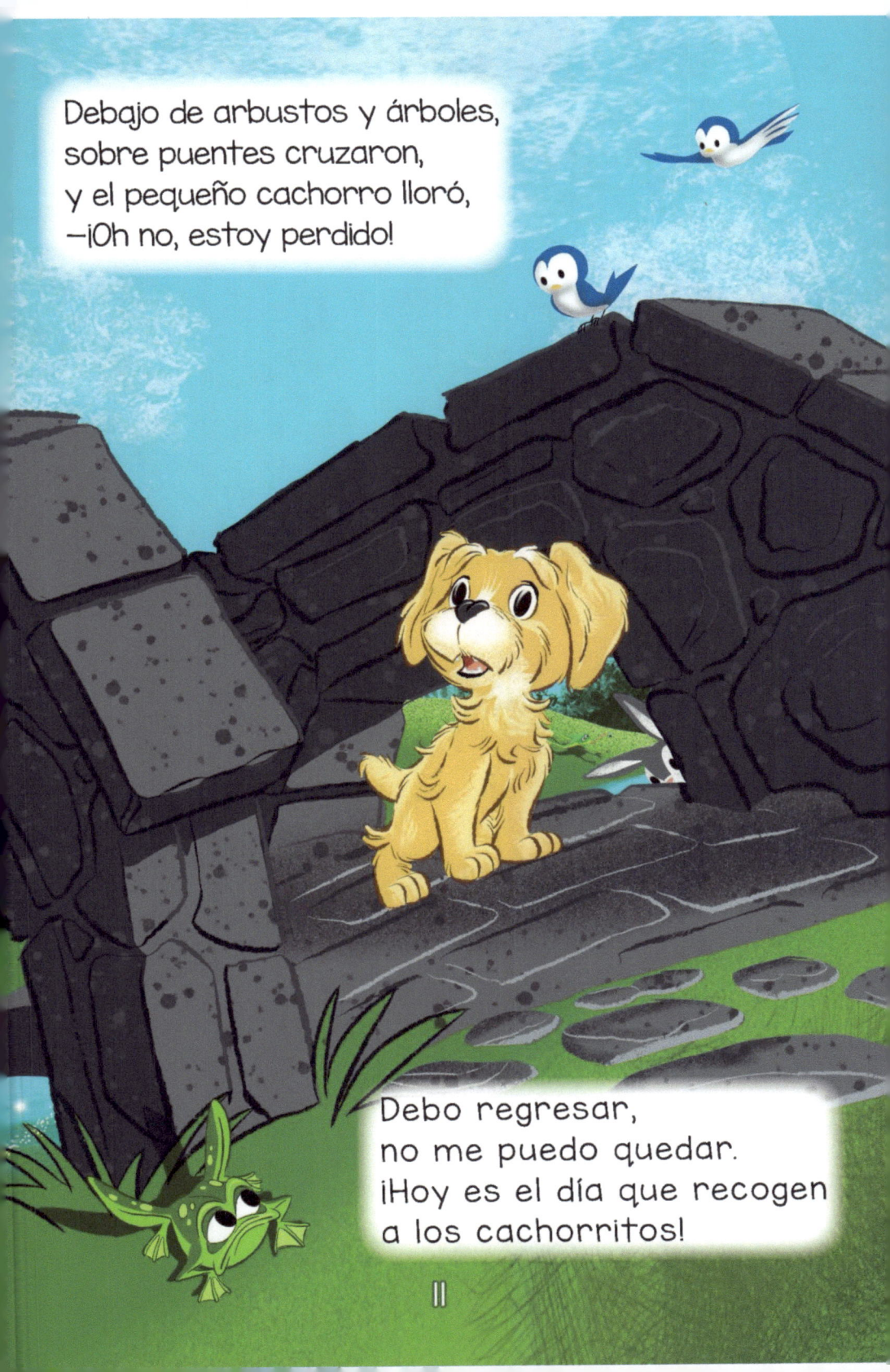

Debo regresar,
no me puedo quedar.
¡Hoy es el día que recogen
a los cachorritos!

Mientras tanto,
algunas familias comenzaron a llegar.
Cada familia escogió cachorritos,
Y luego quedaron 5.

La tia Nola Doodle
dijo adios a cada uno,
mientras que les daba palmaditas cariñosas
en la cabeza un par de veces.

— ¡Hola!--dijo el cachorro
a Eevee, la gata--.
He recorrido un largo camino.
¿Cómo me regreso?

— A través de la grama alta--
dijo la gata, sobre la colina--.
Encuentra un riachuelo
y una rana llamada Bill.

14

El caminó al borde del agua
buscando a Bill,
quién perseguía una mosca
y no se quedaba quieto.

— Debo regresar; no me puedo quedar.

¡Hoy es el día que recogen a los cachorritos!

Mientras que el cachorro pensaba
en qué debía hacer,
tres más fueron recogidos
y solo quedaron dos.

Con nietos emocionados,
que no querían esperar,
manejamos para vernos
con nuestro peludo compañero de juegos.

El abuelo y Kairi
cantaban una canción,
con Jackson y yo
acompañándolos aplaudiendo.

El cachorro vio a su amiga, Abra,
y mientras que ella entraba a la vista,
él supo que pronto todo
estaría bien.

— Debo regresar; no me puedo quedar.
¡Hoy es el día que recogen a los cachorritos!

Luego escucharon las risas
de gatitos que jugaban.
— Únanse--dijeron todos--.
¡Es un día hermoso!

— Debo regresar; no me puedo quedar.

¡Hoy es el día que recogen a los cachorritos!

— Síguenos a un atajo--
dijeron los amigos nuevos del cachorro.

Él intentó sostenerse fuertemente,
¡pero cayó sobre su cabeza!

El cachorro más pequeño
corrió de regreso a la reja.
Se logró meter debajo de la reja,
asustado de que llegaría tarde.

— Debo regresar; no me puedo quedar.
¡Hoy es el día que recogen a los cachorritos!

Luego de un viaje largo y pedregoso,
su propia familia
fue la última en llegar.

¿Podría esta familia nueva
amar a un cachorro torpe,
a quién le costaba tanto
seguir el ritmo?

¿Quién necesitaba ayuda
después de tantas caídas,
fallido en tira y afloja
y que no podía atrapar pelotas?

Él estaba preocupado de que su familia
no lo amaría para nada,
pero él les dio una sonrisa
e intentó pararse firme.

Él estaba sucio y asustado
y solo quería esconderse,
pero respiro profundo y salio al patio.

Luego Bella lo vio,
— ¡Mira, aquí está!
¿Alguna vez has visto una cara
más dulce que la suya?

— Todo sucio--dijo Kairi,
haciendo una mueca.
Pero Nola sabía como
quitar todo el sucio.

Dentro de la tina,
lanzaron a nuestro cachorro.
Y salió la grama
y el lodo con una esponja.

A medida que la tierra y el sucio
fueron lavado de sus ojos,
el ahora vio CLARAMENTE
que ellos amaban su pequeño tamaño.

El dia de recoger a los cachorritos terminó,
con una palmadita final de Nola.
— ¡Haznos orgullosos, pequeñito!

— Bienvenido a la familia.
Ha sido un día peculiar.
¡El primero de muchas aventuras
que vienen hacia ti!

¡Pronto busca más
aventuras con Brady,
el Pequeño Labrador,
y sus amigos!

Visita nuestra página web y únete a nuestra lista postal en www.thelittlelabradoodle.com

Asegúrate también de mirar...
El Pequeño Labrador: Día De Recoger Cachorritos
- Libro para Colorear Complementario
- Plan de Lección
- Peluche de Pequeño Labrador
- Libro electrónico
- Libro de audio

Estrenándose PRONTO en la serie del Pequeño Labrador:
- El Pequeño Labrador: La Gran Mudanza
- El Pequeño Labrador: Bebé Nuevo
- El Pequeño Labrador: Abusones Cuídense
- El Pequeño Labrador: Guardería de Cachorros

Echa un vistazo a otras publicaciones de Pequeño Labrador:
- El Pequeño Labrador y Amigos:
- Libro para Colorear y de Actividades
- Amadores de Doodle Libro para Colorear de Adultos
Síguenos en nuestras redes sociales:

https://www.facebook.com/TheLittleLabradoodle/

https://www.instagram.com/thelittlelabradoodle

lil_labradoodle

Acerca del Ilustrador

Len Smith ha dedicado toda su carrera al entretenimiento infantil, desde el estudio Hanna-Barbera hasta la función de Disney, y de la animación televisiva hasta Mattel Toys.

Len diseñó Toontown en la película "Who Framed Roger Rabbit" y diseñó los personajes principales de la serie de Disney Afternoon "Talespin" y "Bonkers".

También trabajó en la serie "Las nuevas aventuras de Winnie the Pooh" que fue cuatro veces ganadora del Emmy y se enorgulleció de hacer la ilustración para "El Pequeño Labrador: Día De Recoger Cachorritos".

Acerca del Autor

April M. Cox, una autora y empresaria que siempre ha disfrutado la escritura creativa, redescubrió libros ilustrados para niños mientras le leía a sus nietos. Su pequeño labrador a menudo se sentaba con ellos y fue la inspiración para esta serie de libros.

Publicaciones de Pequeño Labrador fue fundada en 2018 con la pasión de publicar libros bellamente ilustrados que los niños adorarían y que los padres apreciarían. Los libros de Pequeño Labrador brindan temas subyacentes como gratitud, amabilidad, amistad, diversidad, autoaceptación e inclusión.

www.ingramcontent.com/pod-product-compliance
Lightning Source LLC
Chambersburg PA
CBHW040748150426
42811CB00059B/1511